Ricky Roogle

Impostor Notlzbuch

KEIN OFFIZIELLES INNERSLOTH-PRODUKT. NICHT VON INNERSLOTH GENEHMIGT ODER MIT INNERSLOTH VERBUNDEN.

Bibliografische Information der Deutschen Nationalbibliothek:
Die Deutsche Nationalbibliothek verzeichnet diese Publikation in der Deutschen Nationalbibliografie; detaillierte bibliografische Daten sind im Internet über http://dnb.dnb.de abrufbar.

Kontakt Autor: ricky.roogle@t-online.de
Herstellung und Verlag: BoD – Books on Demand, Norderstedt
ISBN: 9783752641967

Das
SUPER
AUSMALBUCH
für Ameng.us Fans

Das
CREWMATES
AUSMALBUCH
für Ameng.us Fans

Das
SUPER
LABYRINTHE
BUCH
für Ameng.us Fans

Passwort
Logbuch
für Ameng.us Fans

Das
MATHE
AUSMALBUCH
für Ameng.us Fans

WIE MAN
SKINS
ZEICHNET
für Ameng.us Fans

Das
WORTSUCHRÄTSEL
BUCH
für Ameng.us Fans

Das
SUPER
QUIZBUCH
für Ameng.us Fans
QUIZ

CARTOONS
und WITZE
für Ameng.us Fans
WTF!

Notizbuch

Crewmate Notizbuch

Impostor
Notizbuch